NEW POEMS
CHIEFLY IN THE SCOTTISH DIALECT

NEW POEMS
CHIEFLY IN THE SCOTTISH DIALECT

BY

John Burnside, Robert Crawford, Douglas Dunn,
Alasdair Gray, W. N. Herbert, Kathleen Jamie,
Jackie Kay, David Kinloch, Tom Leonard,
Liz Lochhead, Don Paterson, Robin Robertson

Edited by
Robert Crawford

This edition published in 2009 by
Polygon, an imprint of Birlinn Ltd
West Newington House
10 Newington Road
Edinburgh EH9 1QS
www.birlinn.co.uk

ISBN 978 1 84697 095 5

9 8 7 6 5 4 3 2 1

British Library Cataloguing-in-Publication Data
A catalogue record for this book is available
on request from the British Library.

Typeset in Great Britain by Antony Gray
Printed and bound by Bell & Bain, Glasgow

for Mick Imlah

Contents

LIZ LOCHHEAD

DON PATERSON

ROBIN ROBERTSON

Preface

As its title suggests, this little anthology of contemporary poems is a tribute to Robert Burns. It may be cheeky to appropriate Burns's title – as quite a few dire poets did in his lifetime – but the appropriation is also a way of keeping faith with a persistent sense of poetic language, with Scottish accents, and with the art of verse. It is, if you like, a sly wink to the master. Each poet was invited to submit about five pages of poetry that might suit an early twenty-first-century book called *New Poems, Chiefly in the Scottish Dialect*. Poets have travelled with Burns's title in different directions, and their poems have been published as they were submitted, without any attempt to regularise their attitudes to the Scots tongue. In title and linguistic flavour the book pays tribute to Burns and what he did with language. This is not a study of Burns, but it does indicate that there remain important links between his work and some of today's Scottish poets.

Commissioning has been made possible through the existence of the University of St Andrews Sloan Fund, which has encouraged the writing of Scots poetry for over half a century. I am grateful to Dr Brian Lang, formerly Principal of the University of St Andrews, for

approving this use of the Sloan Fund; to Hugh
Andrew at Polygon; to Sophie Hoult at David
Godwin Associates; and to Sam Dixon of the St
Andrews Scottish Studies Centre for assistance
in preparing the manuscript. Most of the poems
are new; a few have appeared in magazines
including *Archipelago*, *Irish Pages*, *The London
Review of Books*, and *The Spectator*.

R. C.

John Burnside

Mither Tongue

Arncroach Vortex Sutra

It's craw time again
on oor hill:
white skies
an telegraph poles
an smashed ice
studdin the road
frae Higham
tae Lochty,
an nothing much
o licht that isna
partly imagined:
pools o it
oot by the feed troch,
pinpricks o gowd
in the scatter
o whins an stane
at the edge
o the yaird
whaur aw we ever kent
begins again:
snawflauchts, then sleet,
then lown, like a verse
frae Sunday school,
the meanin suddenly clear,

efter aw this time
o hearin it like a dream
at the back o ma mind,
an thinkin o other things
that didna matter.

II

The Deid

Bytimes A see them, oot
on summer nichts,
haikin through fields o rye
whaur the laund
meets the watter;
or bone-white
under a chuffie moon,
crowlin the back roads,
glintin in
at starnie windaes:
thirty years deid
an still no
ready tae leave,
cawin oot,
ghaist tae ghaist,
in the tawted dark,
wauchet wi dew
or smuirt wi the scent
o hemlock;
though, these days,
A canna mind

the language they use,
or the music
that slips between,
in the dark
pauses,
for A'm gane awa:
a long time gone
an the road back is far
and haw
like a mither's grief.

III
Ariel

Efter a time
A missed the taste
o resin
an how the wind
wid seek me
in the pines
gustin frae cleft
tae cleft
an findin nae answer.
There are some
that wad caw it
luck, tae be alone
and hidden;
there are some
that wad caw it grace,
an A raked

for the smell
o whin
in the milk and stour
o the scullery flair,
a broken dyke ma bield,
or a wifie's ban,
blawn in the barley
or dimmed in a slair
o aizles,
A was too far oot
in the open,
an too well-seen,
always afeart
he wad trap me
an cairy me in:
to set for keeps
in ane o his
windless books,
a body
for drownin: words
an naething but.

IV

English Speaking Board

Later, we would find it in that narrow
alcove by the cloakrooms,
smaller than we expected, and not quite dry,
though it must have lain there for years, amidst the brooms
and Christmas decorations.

John Burnside

One of the older children dragged it out
and we stood for a while in silence, surprised by its sheer
drabness, and the trail of grease and chalk
it left behind, old spider webs and flies
and just a hint of beeswax in the line

of stitching where the forehead must have been.
The eyes were gone, the mouth was just a tear;
yet, underneath, the pupa of a voice
lay fat and soft, the green fuse in the flower,
cocooned in dust and spit, and fresh as rain.

v

Abroad

Got here the nicht,
efter years o wanderin,
comin in
oot the rain
an the subplots o transit:

tobacco,
then glass,
then the wifie ahint the counter
cawin upstairs
in a language that wisna
spoken till now;

then the wifie prepared me
a bed,
as if for a corpse,

an A lay doon
in milkweed an siller
like somebody's son.

For years, it's been
like this was what
A loved the maist:
the balm o sleep,
the bairnheid
o dreamin,

but aw that really matters here
is wakin,
the body returned to the world
like a map, or a windfa,
the pit o the throat
rehearsed
in the mither tongue.

John Burnside

Robert Crawford

Waas

eftir Cavafy

Wi nae obleegement, nae peety, nae a sklent o shame,
They've biggit waas aroun me, strang an heich.

An noo I hunker here, wanhope chittlin ma wame.
I cannae sei past this weird. I'm dune. I'm dreich.

I'd sae sae muckle tae be daein still, ootby.
Aa yon days they biggit the waas, hoo come I didnae
                                              ken – it's daft –

But I nivver heared yon biggars, nae ae saft soun, but gey .
Certie, bit by bit, they've snibbed me aff.

Walls

*With no kindness, no pity, not a sideways glance of shame, they have
built walls around me, strong and high. And now I crouch down here,
despair nibbling my heart. I cannot see past this disaster. I'm ex-
hausted. I'm dreary. I had so much still to get on with, out there. All
those days when they built the walls, how come I did not realise – it's
stupid – but I never heard those builders, not one soft sound, though
absolutely surely, bit by bit, they have cut me off.*

Kirk

eftir Cavafy

I luve the Kirk: its session hoose,
communion plate, communion taibil,
the auld manse, the glebe, the pulpit.
Whan I gang intae a Scots kirk
wi its bare wuid pews,
its metrical psalms,
the skinklin blak brogues o the meenisters
gaunt in their corbies' goons,
the pechin Doric warsle o their prayers –
I aye hink o yon Scots 'wha's like us',
yon heritable glore o John Knox.

Skinklin – *sparkling*; pechin – *deeply sighing*; warsle – *wrestling*;
hink – *think*; heritable glore – *inheritable glory*.

Robert Crawford

Hame

eftir Cavafy

As ye stert for hame
Tak tent o the lang road bak,
Aa mervels, aa whigmaleeries.
Marget Thatcher, Sawney Bean,
Butcher Cumberlan – dinnae fear thaim;
Ye'll no bump intae trash lik yon
As lang's ye keip a guid, stoot hert,
As lang's a really guid carfuffle
Fires ye up boadie an sowl,
Marget Thatcher, Sawney Bean,
Butcher Cumberlan – ye'll ne'er meet thaim
If ye dinnae cairt thaim alang in yir ain sowl,
If yir sowl disnae caa thaim tae greit ye.
Tak tent an tak the lang road bak,
Lat ther be monie simmer morns whan, simply leuchin,
Ye set in herbours nivver seen afore;
Set in at ootlandish free ports whaur
Ye get guid gear:
Queer curale, lammer, ibone,
As monie, monie parfumes as ye can;

Tak tent o – *pay attention to*; whigmaleries – *fantastic contrivances*;
carfuffle – *excitement*; leuchin – *laughing*; curale – *coral*; lammer –
amber; ibone – *ebony*.

An visit, tae, a wheen o ootlan ceeties
Tae lear lik bejants in their ootlan college.

Aye keep yir hame in mind, hame's whit ye're for.
But dinnae hurry, mind an tak yir time
Sae that ye're trauchled by the time ye're bak,
Gey auld an bien wi aa ye've tuik aboard,
An nae expeckin hame tae mak ye bien.

It wis yir hame that gied ye this lang road.
Wi'oot hame, ken, ye'd ne'er hae stertit oot.
An noo yir hame hes naethin left tae gie ye.

a wheen o ootlan ceeties – *many foreign cities*; bejants – *first-year students*; trauchled – *exhausted*; bien – *prosperous*; gied – *gave.*

Robert Crawford

Days o 1903

eftir Cavafy

I couldnae find thaim – tint lik snaa aff a dyke –
The saft een, the peely-wally face in the vennel
At dayligaun . . .

I couldnae find thaim – mine jist by luck –
Sae easy tint
Syne pined for.
Yon saft een, yon peely-wally face,
Yon lips – I jist couldnae find thaim.

Tint – *lost*; een – *eyes*; dayligaun – *twilight*.

The God Forleets Antony

eftir Cavafy

in memory of Maimie Hamilton

I the howe o the nicht whan suddentlie ye hear
An inveesible parawd stravaigin by
Wi aa its braw muisic, its clack,
Dinnae mane for yir sonse that's misgaein noo,
Wurk gane agley, yir gran ploys
Daith caunles – dinnae mane for thaim yisslesly:
Lik ane lang redded up, an gey wicht,
Say fareweel tae her, tae Embro wha's hastenin awa.
Mind an nae mak a daftie o yirsel, dinnae say
It wis aa a drame, jist a swick o the lugs:
Dinnae bemean yirsel wi tuim howps lik yon.
Lik ane lang redded up, an gey wicht,
As is richt for ye wha wis gied a toon lik this,
Awa stievely tae the winnock
An hearken wi a muckle hert,
But nae wi the girnin an fleetchin o a coof:
Hearken – yir lang an last delicht –
Tae the clack, the braw, braw muisic o yon unco parawd,
An say fareweel tae her, tae the Embro that for ye's
                        gey near tint.

The God Abandons Antony

In the depth of the night when suddenly you hear an invisible parade
strolling past with all its beautiful music, its chat, do not lament your
luck that is failing now, work gone wrong, your great plans turned to
supernatural lights that warn of impending death – don't lament for
them uselessly: like someone long prepared and very strong, say farewell
to her, to Edinburgh that is hurrying away. Remember not to make a
fool of yourself, don't say it was all a dream, just a trick of the ears:
don't demean yourself with empty hopes like those. Like someone long
prepared, and very strong, as is right for you who were given a town
like this, away resolutely to the window and listen with a great heart,
but not with the complaining and fawning of a fool: listen – your long
and final pleasure – to the chat, the lovely, lovely music of that
remarkable parade, and say farewell to her, to the Edinburgh that
for you is very nearly gone.

Douglas Dunn

English, A Scottish Essay

I didn't choose you, nor did you choose me.
I was born into a version called Accent.
I haven't lost it, nor could it lose me –
I own it; it owns me, with my consent.
Some of my words were Playground. Others, though,
Came straight from an indigenous long ago
Out of old mouths in sculleries, or learned
Hanging around byres. Spoken, unwritten nouns,
Strong verbs, swept out of classrooms, overturned
Their fingerwagging mockery and frowns –
'*Speak properly!*' A 'Scottish education' –
Groomed to profess complexities of nation
In an amended tongue, while writing verse
In ancient cadences and noise, my voice
A site of rebel mimicry, its burrs,
Slurs, Rs, its sly, involuntary 'choice'.
          The wireless gave me safety, bield and space
To fill my room with music's commonplace
Sound for itself, not meaning. Moving dials
Across jazz and concertos, I cleared off
From the parish across a neutral aerial's
Invisible bridge. I couldn't get enough
Meaningless babble's radio-polyglot
Valve-busting links to Rome and Camelot.
Arthurian radio! Imagination!
Through knob-turned atlases of noise I found

Another and unfathomable nation
So overheard that it was underground.
Radio Inchinnan! Radio Renfrew!
Can you still hear me? Am I getting through?
That nation's called Poetry. It's policed
By Muses, not by critics, theorists, nor
Chief Constables hyping a long-deceased
National Bard as the forevermore
'Authentic' measure of the way to write
Poetry grounded in archaic hindsight
And retrospective fame, the Robert Burns
Syndrome. – 'Just write like him, and you'll be true
To Scotland when its good old self returns.
Then you'll be true to us, and true to you.'
Why do I disbelieve it? Why do I feel
It harms both mine and Burns's commonweal?
Because I do? Is it instinctive only
To think and feel the language I write in
Selects me to be snapped at, and feel lonely
When it's the tongue I know, that I delight in?
English I'm not. As language, though, you're mine,
Disinterested, Scots, also benign,
Or so I try to make you, keeping time
On beats of Burns and Shakespeare, Pope and Frost,
Plundered affinities, rhythm and rhyme
From any place or time and intercrossed,
MacCaig with Milton, Stevenson with Keats,
Byron, Browning, scanning the nationless beats.

     Not nationality but language. So,
What's odd or treacherous other than the name?

Douglas Dunn

Not that I *like* the name – all my *bon mots*
In somewhere else's tongue! Why scourge and blame
History for what had to happen in it
When you can't cancel it, not by a minute,
Not by a year, never mind an epoch?
Go back, reclaim the past, to when we spoke
Each one of us as quintessential Jock?
Where, when, was that? Who were these purer folk
Whose tongues absolved them from an 'English' stain
And wrote their poetry in a native grain
So aboriginal its recited truth
Sang nation and confirmed a State from one
Infatuated lyrical in-love mouth,
A great God-help-us not-to-be-outdone
Embrace of who the Scots are, or might be,
Massive mouthpiece of *national* poetry?
No one – thank God! For we've got three sound tongues
In which to utter poetry, and three
Good reasons, therefore, for our native songs
To triplicate our nationality.
My Muse is mine alone; but still, she's free
To join her sisters in their choir of three,
If she should want to, and, if she should not,
She'll get her dander up if you accuse
My Lady she's an insufficient Scot –
She's not a politician, she's a Muse!
That sacred girl insists work be exact,
True to the spirit, measure, and the fact.

      What happened happened, though – 1707,
To go no farther back than that loud date.

Douglas Dunn

Half understood, denied, or unforgiven,
It's not my number and it's not my fate.
The past's an interesting cadaver;
But let it rot. Don't let it stink for ever
Somewhere at the foot of the garden, or,
Worse, in your head. *Get that skull out of here!*
Rip all old pages off the calendar!
Try cranium-scrape, but get your head in gear!
– A memo to myself, to fight the ghost
Who steps from disappointment and distrust.
I've seen him sleeping on the 95,
Tricorned, peruked, an eighteenth-century gent,
Grave-robbed but looking very much alive,
A fierce old cove of the Enlightenment.
Damn *Braveheart*. It's the mind, not pikes and swords
Or martyred schiltrons but well-chosen words
Turn time around, direct it on ahead
Instead of back to where the clocks are stopped,
Stopwatches held in the hands of the dead.
When backs were stabbed and the secrets shopped,
Whisperers served the cause of trade. – A spit,
A wink, a shake of hands, and that was it.
Signed, sealed, delivered, to themselves, to them,
To us – Great Britain, that convenient phrase,
A rhotic, tri-syllabic nasty poem
Invented by a Treaty, tuned to praise
Union, aggrandisement, possession, money,
An archipelago of gluttony.
        Lists of neurotic Scotticisms; earnest
Desires to write and speak like Englishmen;

Douglas Dunn

A wilful limpness in the national wrist –
Heyday of Edinburgh elocution!
But on the streets and closes Scotticisms
Meant nothing to apprentices and besoms.
Law Lords and luminaries spoke Braid Scots
Although when such as Kames sat down to write
Memorials or aesthetics, subtle thoughts
Found their expression in an erudite
Capital-city eighteenth-century prose
As natural to him as his daily brose.
Braid Scots was proseless in Lord Kames's time.
Abundant prose there was, but not in Scots –
Although not pre-prose, Scots prefers to rhyme,
Foxed by the plots and counterplots
Of history – 1603, 1707,
Those dates by which our languages are driven.
Ramsay, Ross, Fergusson, and balladeers
Wrote their full-throated oppositional poems
For native minds and aboriginal ears
To reassert the sound of vocal home's
Domestic noise, the tongue of a *patrie*
Wagging and singing, almost a refugee
In the mouths of its speakers, and pathos
Beginning, the sorrow of movement, shifts
In time as change became perceived as loss
And what came in instead felt less than gifts
Between tongue and teeth, but as something fake.
A foreign language for men on the make
In London or Calcutta, Hudson's Bay,
British regiments, enslaved plantations,

Or on the London stage in 'the Scottish play',
Banks and Westminster, the British nation's
Class-lingo infiltrated 'social stations' —
Legged up by legover. Intimate unions
Ran parallel before the paper Act
In Anglo-Scottish sexual communions
Where love and love of property, the fact
Embedded snugly in commercial chance,
Led straight to land, preferment, and finance.

      Historical amusement, not treachery
In that careerist scramble, changing tongues
With the polished skills of sonic forgery
And climbing up the social ladder's rungs
By each perfected step of mouth – 'station'
Determined by 'correct' pronunciation!
As well forget or turn a blind eye on
Ancestral roguery, so far back it's
A shoulder diehard dreaming Tories cry on.
Best, though, to know your past, then call it quits,
For if you don't you'll Balkanize your brain
Or Irish it with history's inhumane
Serbianisms, ethnic cleansing's dire
Epic revenges for events before –
Hundreds of years before – present desire
And possible fulfilment. MacMinotaur
Lurks in this labyrinth, sectarian,
Preening his tammy, polishing his grin.

      Haar settles on the mist-dimmed coast of Fife.
St Andrews Castle's introverted stone
Withdraws into its tended afterlife.

Douglas Dunn

July's inertia's a Scotophone
Sensation as I wander round the walls
All ears for ghost-words, listening to my pulse
Tapping to blood's stone history as speech,
Knox and Fife's local lairds, in English pay,
Defending this, Knox taking time to preach
Despite the shot of French artillery.
An archaeologist of wrathful breath,
I recreate his accent, tongue and teeth,
But it's all in my head. Nobody *knows*
How Knox (or Shakespeare) spoke, just that they did,
And wrote. It's all a scholarly suppose
To think old writers sound the way they read.
Knox, though, the firebrand, rasping faith and Hell,
Clichéd the Presbyterian decibel
With pulpit rhetoric and prolix soul
Fuelled by his brawny days pulling an oar,
Singing a Reformation barcarolle
As a French galley-slave, plotting his roar,
Scotland's future, and a Bibleless tongue –
Pulpit-delivered English, spoken, sung.
Blame? Who's to blame? Or what's to blame? Language
Lives by its own slowly unfolding rules
And chance morphologies, its shapes, and age,
Its histories the same as the people's.
Cut out our tongues to save the national face?
Let language happen in its commonplace,
Its ordinary, extraordinary
Occasions of speaking, singing, and writing,
Whether by C. M. Grieve or J. M. Barrie,

Excoriating, plain, or else delighting.
What happens in languages happens – it's
Destructive to contest their inner wits
Propelled by how time dips phonology
In what gets left behind by big events
Or weather, or how people work and play,
Their pleasures, sorrows and their discontents.
Pictish, Gaelic, Norse, Scots rural sounds, live
Even in altered voices, talkative
Survivals, fragments of noise, like place-names,
Those first poems in the crowded chronicle
Of the map of Scotland – a map proclaims
Languages' mix as ineradicable.
The onomastic mind looks into time,
Its one geography a named sublime.

       In our new Parliament, our accents mix
With confidence – get *that* into our lyrics!
No one's branded by a vocal stigma,
By mystical public schools or Oxbridge,
By England's creepy, sad, vocal enigma,
That patronising sound of patronage.
Now I hear children speak in a natural voice,
Accented zest and cadence. If it's choice
It's also nature. True to their time and place,
They show their mums and dads up, oldster frauds
Who buckled when their teachers set the pace
On how to speak (*'properly!'*), bawling the odds
Because we spoke the parish dialect,
Not junior BBC in our voice-wrecked
Pronunciation (so our teachers said).

                                          Douglas Dunn

Eagle, Hotspur, and *The Children's Newspaper*,
Wizard, Adventure, Daily Record, what I read
As a child made me no vocal leper nor
A local prig. I speak two ways, and write
In more than one, plural, and impolite.

      Live and let live. Promote the various.
Surrender to the spirit. Woodland. Moorland.
Put argument aside. Try to discuss.
Walk by the riverbank, and take your stand
By the midge-coloured water, the dark pools,
Rippling trout-rings. Watch the dozing owls.
That, too, is of our tongues, being our place,
Source of what strength we have, or character,
Wherever we came from or persisting trace
Of elsewhere lingering like a loyal spectre.

      Who legislates when Jock does something foul
To rolling consonantal R, or vowel,
Or lards his speech with epithets of F?
Well, we should. So, clean up your act. Turn down
The dreary, forthright volume, before we're deaf
From all that cursing from the angry town
And its intensifying Fs and Cs,
Indignant, crude monotonies!

      What's the language of laughter? Or sorrow
When it's suffered in silence? Or a love-moan,
A sob and cry in the night? Such sounds borrow
Each other's commonplace from polyphone
Humanity. They do not need a word.
Who cares whose fingers run across the keyboard?
'A note don't care who plays it,' a wise man said.

And only an indifferent poem gets lost
In its translation. In my flowerbed
Most plants and shrubs aren't native but have crossed
Seas, seasons, different climates, to be here
Thriving in shaded Scottish horticulture.
One day I'll feel the confidence to grow
Orchids. But let my lilies flourish in
This land and tongue of rain and cloud-shadow.
Lilies and roses, too, are of my nation.

Belfast to Edinburgh

for Michael and Edna Longley

At the beginning of descent, I see
Wind-turbines cast their giant, spinning arms.
The Southern Uplands send out false alarms,
Semaphore shadows, all waving to me.

Then, still descending, as the windows weep
Or something out beyond the tilted wing
Surrenders to the planet's suffering,
Plural phenomena that never sleep,

A far-off brightness shines on the wet plane.
A cockpit voice says something about doors.
The Forth Bridge is a queue of dinosaurs.
A field of poppies greets a shower of rain.

Alasdair Gray

Muckle Hippo

A muckle hippopotamus
   spelders in glaur upon his kite.
A solid fact he seems tae some –
   they arena right.

A hippo's coorse digestive tract
   erodes through frequent emptying.
The KIRK's the only solid fact
   that winna ding.

In gaitherin o' wardly gear
   A hippo aften gangs agley.
The KIRK can hunker on her rear
   and draw her pay.

The apples hippo gapes tae pree
   are oot the reach o' sic a brute
The KIRK's refreshed frae yont the sea
   wi' juicy fruit

A hippo, fashed by fleshly thorn,
   ejaculates in congree grubby.
The KIRK bel-cantos nicht and morn
   GOD is her hubby.

Alasdair Gray

A mighty hippo wallows
in dirt upon his belly.
Those who think him
substantial are deluded.

His robust intestines
wear out with use.
Only the Church of Scotland
has firmly established reality.

He may act wrongly
when acquiring property.
The Church of Scotland's income
is independent of its activities.

He hungers hopelessly
for local produce.
The Church of Scotland
thrives on exotic delicacies.

A lust-crazed hippo
is relieved by vulgar intercourse.
Through regular services of praise
the Church of Scotland unites with God.

Alasdair Gray

When cloud o' mirk obscures creation
   A hippo wakes tae hunt its meat.
The KIRK's suspendit animation
  can sleep and eat.

Behold a hippopotamus arise,
  clap his broad wings and, soaring,
   claim the skies!
Angels sing him in,
  saints bring him in
   to paradise!

In pure flood
  of lamb's blood
   he's laundered neat.
To gold harp
  in F-sharp
   he warbles sweet

Clean o' stain
  amang his ain
   each martyred virgin is his jo.
The AULD KIRK
  in the auld mirk
   foozles below.

A hippo hunts in the dark,
  being a nocturnal feeder.
The Church of Scotland
  absorbs nourishment unconsciously.

And now see
  a hippoapotheosis!
    His winged form ascends
and is received
  by angelic choirs
    into the Heavenly Mansions.

By his faith in
  Christ's sacrifice
    he, cleansed of sin,
becomes a tuneful
  instrument and voice
    in the Heavenly Concert.

His sanctified masculinity
  is delighted by the
    female part of the Godhead.
The Church of Scotland
  still fidgets
    in provincial obscurity.

W. N. Herbert

Rabbie, Rabbie, Burning Bright

Atween November's end and noo
there's really nithin else tae do
but climb inside a brindlet coo
        and dream o Spring,
fur Winter's decked hur breist and broo
        wi icy bling.

It feels like, oan St Andrae's nicht,
thi sun went oot and gote sae ticht
he endit up in a braw fire fecht
        wi some wee comet –
noo he's layin low wi his punched-oot licht
        aa rimmed wi vomit.

We too hae strachilt lik The Bruce
and hacked up turkey, duck and goose;
and let aa resolution loose
        oan Hogmanay,
but waddle noo frae wark tae hoose
        lyk dogs they spayed.

Each year fails tae begin thi same:
fae dregs o Daft Deys debt comes hame
and we gaither in depression's wame
        aa duty-crossed –
but Burns' birthday is a flame
        set tae Defrost.

W. N. Herbert

Ye dinna need tae be Confucius
tae ken, if Dullness wad confuse us,
ye caa 'Respite! Let's aa get stocious –
         And dinna nag us.
Grant us that globe of spice, thi luscious
         Delight caaed "haggis"!'

That truffle o the North must be
dug frae the depths o January,
but cannae pass oor lips, nor we
         cross Limbo's border –
unless that passport, Poetry,
         be quite in order.

Sae thi daurkest deys o thi haill damn year
can dawn in yawns baith dreich an drear –
sae thi Taxman's axe is at wir ear
         fur his Returns?
We Scots sall neither dreid nor fear
         but read wir Burns.

W. N. Herbert

Three Sonnets

I

Say hoo meh mannish senses miss
or fumble at thae niceties
that ony wumman scents and sees
and feels: yir alphabet o bliss.

Then shoo me frae yir sherry nape,
sma hairs alang yir laicher spine,
nor read doon ony flank o mine
yir vellum quire that gars me gape.

Say hoo thon antrin ecstasy
correctly kittlet weemen feel
compares wi thae far frae ideal
brief joys ye've aye brocht oot o me.

Apocrypha aa penned in slime
that's aa Eh ken o thi sublime.

Amang thae lassies Eh aince kent,
the couple that Eh luved
could tell if meh youth wiz misspent –
still, faithers disapproved.

But noo aa o thae bonny fisses
hae fissed doon cheenge sae lang
Eh'd blank thi Ferry's former Graces
nor ken Eh did them wrang.

While thru thi thinning o meh thatch,
thi thicknin o meh waist,
nane o them cuid expect tae catch
thir pal thi palimpsest.

Except fur one, and hur alane –
we'd ken each ither if bane met bane.

Ye tell me, noo that we're baith hitched
tae them that did sey whit
you widnae, hoo ye hud this itch,
atween a wish anna zit.

Lost lust's a bitch, but tho Eh cared
Eh wiznae desperate
eneuch tae kiss or else owre blate –
in backlook, Eh despair.

Stop lukein fur yir younger fiss
in ithers' agein een;
stare doon thi inside o thon kist
o sins an micht-hae-beens –

or sae ye'll hear me tell masel.
A meissled luve's whit fuels Hell.

The Swannie Ponds

When Eh wiz young and hud nae brains
Eh maxtered up thi Den o Mains
wi Stobswell's swanky Swannie Ponds,
sae thocht a rowboat could ploo oan
frae pool tae lochan, loch tae firth,
and syne, ootwith thi Noarth Sea's girth,
pass thi Faroes fur white seas,
ignore Archangel's cod-fish freeze,
and threid Franz Josef Land's wee soonds
fur ice floes whaur therr's nae mair groond.

Nae lassie cemm wi frosnit haund
tae sey Eh didnae undirstaund
thi Swannie Ponds werr a cul-de-sac
nae whaler's prow wad ivir brak;
nae pulse lyk feathirs at her throat,
she nivir mentioned Eh'd nae boat,
but Eh wiz unca young and glaiket –
sae noo Eh wauken, bauld and nakit,
oot past Pluto, tae meh knees,
paddlin hame thru starny grease.

Own Goal

Hear the Scottish Cyclops cry
wi his pencil in his eye,
'It disnae luke guid, sae let me confess it:
nemo me impune lacessit.'

Bog Cotton Man

Meanwhile in Eire a decade ago
it happened tae Liam as coontless afore
while me and meh faither werr wurkin wir gobs
his da and him werr oot on thi bogs.

Noo thi Ferrys cut turf a few miles awa
a lang wey tae waulk if you've tooken a faa
and while we werr liftin thi pints tae wir mous
he'd sodden his jaiket and also his trews.

In fact he'd gone heeliegoleerie in glaur
till his een werr lyk pearls fae thi bay's glitty floor,
sae Billy noo sends him back hame fur a waash
and meanwhile we drink as tho unner thi cosh.

And aa thi bog cotton that flochts owre thi hills
sticks til him lyk harlin richt up tae thi gills
till mair lyk a fledgelin or houlet or ghaist
he drifts doon thi glen that thi giant laid waste.

He's fleggin thi bairnies, thi sheep think he's God
and meanwhile in Mickey's we're tucked up and snod.
Eh lift up a Guinness that's black tae thi brim
then intae thi bar strides uts opposite twin,

white fae his broo tae the black o his heels –
anither wan back fae Elysia's field.

W. N. Herbert

Cock of the North

Did you furget that therr's a spirit in meh heid?
　　　Did you furget jist wha wiz speakin fur thi deid?
Did ye even notice when yir lugs began tae bleed?
　　　Eh knelt doon beh thi quayside o thi Acheron,
puked meh innards upwards tho Eh'd kent nae greed,
　　　Keelrow Charon graned but hud tae tak me oan
　　　　coz Eh'm thi Cock o thi Deid
　　　　frae thi Tyne up tae thi Tweed
　　　　yeah Eh'm thi Cock o thi Leid –
　　　sae don't believe a wurd ye read.
Eh headit fur thi Bordir wi thi Magpeh o thi Ninth
　　　that yaised tae be guid luck until thi Coal Board
　　　　　　　　　　　　　tuke uts tithe.

Keek doon thi hole that Eh shot thru meh ain left foot
　　　and clock meh total lack or need o ony root
coz that's thi shaft up which thi messages aa scoot.
　　　Eh dipped meh tongue and tae intae thi River Styx
and fur thi neist nine year Eh wiz a cute wee mute
　　　but noo Eh dole out doldrums lyk Eh'm shitting bricks
　　　　coz Eh'm thi Cock o thi North
　　　　frae thi Tweed up tae thi Forth
　　　　Yeah Eh'm thi Cock o thi Broth –
　　　aboot a leaky bowl's worth.
Meh heid's a cuttlebane, meh dick is Embra Rock,
　　　therr's budgies gnaain oan them gettin toxic shock.

But did ye beh thi ehdea crehd thi Name is a Bawd?
That says ut disnae maitter whit a thing is caad
jist does ut come when telt tae lyk tae yowes and Maud?
But Eh wiz baptised in thi Lethe sae Eh'm ootside in
and tell ye ilka particle's a fiss o Gode:
tae list His every name doon here is jist tae begin
coz Eh'm thi Cock o thi Say
frae thi Forth up tae thi Tay
Yeah Eh'm thi Cock o thi Sway –
Eh'll crowe upon yir dehin day.
Therr's a grouse that's stalkin me and singin rebel sangs
But ye're welcome still tae jine us as Eh hirple alang.

Did ye hear thi Sirens boomin oot thi ile is gone
aa alang beh Oceanus til thi Phlegethon
whaur ut's brunt thi keel an deck that Eh wiz staundin on?
Aa thi wax at aa thir manin ut flew oot meh lugs;
aa meh wurds and ony meanin soondit chittirt and chawn
an meh mouth filled up wi midgies and wi chafin bugs
coz Eh'm thi Cock o thi Lorn
fae thi Tay up tae thi Don
yeah Eh'm thi Cock o thi Yawn –
that's why Eh passed oot oan yir lawn.
Therr's an osprey that they spreyed wi braw insecticide,
wheniver Eh wauk up he's peckin at meh side.

Thi Parliament o Burds is meetin in meh skull
and thi President o Scoatlan issa herrin gull
and whit he cannae peck at he thinks unca dull.
But meanwhile auld Cocytus is defrostin fast

W. N. Herbert

and sune thi Deil'll feel his heels and roam at wull –
      whit's comin hame tae roost is hoo tae come in last
        coz Eh'm thi Cock o thi North
        frae thi Dee up til thi Firth
        yeah Eh'm thi Cock o thi Yirth
      and in meh wing Eh cairry dearth.
Thi ghaists o seevun hunnert years hae spiled thir vote:
      whit's written oan thi waatirs says yir banes, they
                                    winnae float.

Kathleen Jamie

Hauf o Life

eftir Holderlin

Bien wi yella pears, fu
o wild roses, the braes
fa intil the loch;
ye mensefu' swans,
drunk wi kisses
dook yir heids
i the douce, the hailie watter.

But whaur, when winter's wi us
will ah fin flo'ers;
whaur the shadda
an sunlicht o the yird?
Dumbfounert, the wa's staun;
the cauld blast
claitters the wethervanes.

Tae the Fates

eftir Holderlin

Gie me, ye Po'ers, jist ane simmer mair
an ane maumie autumn,
that ma hairt, ripe wi sweet sang
's no sae swier for tae dee. A sowl

denied in life its heevinly richt
wil waunner Orcus disjaiskit;
but gin ah could mak whit's halie
an maist dear tae me – ane perfit poem –

I'll welcome the cauld, the quate mirk!
For though I maun lae ma lyre
an gang doon wantin sang, Ah'd hae lived,
aince, lik the gods – and aince is eneuch.

To a Mavis

*On Discovering Two, Dead, in the Garden
of Burns' Cottage, Alloway*

Moon,

what do you mean,
entering my study
like a curiosity shop,
stroking in mild concern

the telescope mounted
on its tripod, the books,
the attic stair? You
who rise by night, who draw

the inescapable world
closer, a touch
to your gaze – why
query me? What's mine

is yours, but you've no more
need of these implements
than a deer has,
browsing in a glade.

Moon, your work-
worn face bright
outside unnerves me;
please, be on your way.

Jackie Kay

Maw Broon Goes For Colonic Irrigation

Maw Broon finds a new hobby
Says cheerio to the impacted jobby

Ye feel part o' ye falling awa – aw yer past,
yer mistakes, the daft lads ye winched afore Paw,
the wrang dresses, wrang recipes,
It a' fa's awa!   Whit a lot there!
Hauf way thru the hale procedure
The man finds a bit of hough wha's endured
Tho ye hinny eaten potted hough fir – Och,
Years, years! Jings! Life takes odd turns.
Ye forget the times ye were black-affronted,
Said the wrang thing, had yer back agin the wa'.
(It's a wee straw, ye hardly feel it at a' – it's braw!)
Michty! It's a liberation, this colonic irrigation!
Aw o' a sudden yer auld body is a hale new nation,
Rid o' the parasites, clean as a whistle, yer saying
                                            Ho-ho, gone yersell!
(And ye lose a hale stane). The liquid they shoot up
Doesnae hauf stimulate evacuation! Better than a
                                            forty-day fast!
I'm telling ye! The past is the past is the past.
They used tae use a clyster syringe wey a rectal
                                            nozzle and plunger.
Crivens! Jings! I wis tempted tae dae it masell – (I'm
                                    ma ain worst enemas)

baking soda, tap water, etc; but I thocht naw, Maw,

treat yersell!

Yer a lang time deid: whit's the point saving fir a rainy day
When Auld Hough's rotting away in your bowels?

Away ye go!

I'm awa tae buy a new hat in the sale. Whit a day!

Whit a howl!

Jackie Kay

from A Drunk Woman Looks At Her Nipple

(*After MacDiarmid*)

I amna' fou sae muckle as tired – deid dune.
When I look closely at ma big bare breasts,
Wee stars aroon a moon abune a toon,
My nipple's the spit o' the Corona Borealis.

Or my nipple's a galaxy, a milky way.
Look at whit we're daeing tae oor planet.
Whit's a planet but a lump o' rock orbiting a star, eh?
I've an affy feeling we're all for it.

Or my nipple's a wee castle surrounded by a moat.
We're burning holes in the ozone.
No aurola borealis, jist lactiferous ducts, blocked.
It's no that I'm sae fu, jist feeling a' alone.

I mind hoo the weans latched on this nipple,
Aways the richt, niver the left,
Till they made me hinkie-pinkie – yin fu, yin empty.
Yet this havering nicht I'm bereft.

The milk that spilled wis creamy yellow, sandy dunes.
The colour o' the moon the nicht, renewable.
Areola Borealis, the northern lichts o' auld Aberdeen.
The hole in the earth canna be seen.

In ain year, there's enough waste
Tae fill dustbins stretching frae the earth to the mune.
I dinna ken as muckle's whaur I am
Or hoo I've come to sprawl here 'neth the mune.

Jackie Kay

Body o' Land

Her eyes are the colour of Loch Ness
Seen fray the tap o' the hill
Coming doon the road fray Moniack Mhor.
Or the colour o' the field o' harebells
Seen fray the train windae
Thru the Cairngorms, efter Aviemore.
She's no here nae mair,
But when I saw that hare
Bound across the field by the wee bothy,
I thoucht of her, and then again efter
When the red deer stapped and stared
In Glen Strathfarrar, and late that nicht
When the crescent mune sang
A sweet lullaby tae the sky.
And then, next morn, early licht, first thing,
The bricht yellow gorse smelt like her hair.
I saw her there, lying underwater for an aige,
Her features distorted and loose.
And then – aw o' a sudden rising up,
Her hair sleeked tae her heid,
Like a seal, like a selkie.
There wis niver ony getting away;
There was only this – going backwards, getting close.

Jackie Kay

Wee Love Poem

The nicht I kent oor love
Wad go on and on and on, darlin,
The clouds mirrored the moth
We fund in the fields
At the back o' the butt n ben –

A fishbone shape, a skeleton,
As if a' thing kid be
Paired doon to the wan essential,
So that ivery time I say,
I love ye tae bits,
You reply, I love ye to hale.

Brockit

Brokit – a zebra kens and maks sense
Is unco proud o' its difference

Brocked &c, the wee country, flecked wey charm,
black and white oats grow thegither.

Brucket &c, beauty and blethers,
dreich weather, mibbe sleekit pleassour in compliments.

Brockle, the bonny country, lined wey lochs, hills, glens, bens
Brooks, nooks, crannies, grannies.

Streak back through the lined time, find a' the brock-faced
beauties – balanced, waiting, biding time.

Jackie Kay

David Kinloch

4 Atmospheres o' Montale
an' wan 'postscript'

Ligurian links mak fur midday an' the machair drags
a wisp o sea haar,
then stubs it oot amang the chingle.
A makar dauners on the tide aye eftir
wurds
wurds lik the banes o hose-fish:
a shell worn aneath the skin.

Whit fur wid he seek wurds
when lunch is aw aboot him?
Buckies, claiks an' clabbydhus,
lempits, labsters, poo . . .

Aw he wants is a leid tae burrae intae,
an ootgate tae the warld.

Machair – *low land by shore covered with bent-grass*; chingle –
shingle; dauner – *stroll*; tide – *the sea*; aye – *still*; hose-fish –
cuttlefish; buckies – *whelk shells*; claiks – *barnacles*; clabbydhus –
mussel shells; lempit – *limpet*; labster – *lobster*; poo – *common edible
crab*; leid – *language*; ootgate – *exit*.

David Kinloch   81

The sea-green is a soukand sand
o vowels by ither men;
that crab has airs o Leopardi,
this pool's as deep as Dante.

On the lempit-ebb the makar stauns,
an' waits.

2

Ahint the beach, the hoose
affords nae hidie-hole;
the gairden's glaizie
wi sun an' shakers;
in the palms an' pittosporums
the cicadas chirk oan an' oan
an' oan an' aff

at rer Platonic length,
thir sang o sex an endless risp
that scrapes its vice tae husk.

Sea-green – *land partially reclaimed from the sea but still overflowed by spring-tides*; soukand sand – *quicksand*; lempit-ebb – *the shore between high and low tide where limpets are gathered.*

Glaizie – *bright but watery sunshine*; shakers – *dewdrops*; chirk – *noise made by cicada / cricket*; risp – *harsh grating sound*; vice – *voice.*

David Kinloch

O aye, the trees are fu o peedie makars
swiggin dew an' sae hung up
on po eh ry that they forget tae eat.
An' noo the young chiels dwine
awa an' pine tae rhymes
aboot the grun's cocoon,
nymph life, the wings they grew
when day-daw was a goddess.

The tree's a hairse an' singin stick,
sometimes a muckle gland
thrummin wi wan vice
an' when the makar touches it,
it's weet . . . wi dew? . . . naw
the slime o bumclock keech.

An' wi their shuge protrudin een
they keek doon at his screed:
'Eh, it's gret tae be a poet?'
'Will ye fuckin shut it',
he Montales tae the chirkers,
'an' let me think an' write!'

Peedie – *little*; makar – *poet*; chiel – *young man*; dwine – *dwindle*;
day-daw – *daybreak*; muckle – *big*; weet – *wet*; bumclock – *humming beetle (here, a cicada)*; keech – *shite*; een – *eyes*.

David Kinloch

3

The makar walks a bittie oan the sand
then curses as he's stranded
atween twa rafts o watter:
notes the symbol, pits aff
his sannies, weets his feet
an' plowters oan.

Doun-by, amang the bladderlocks,
a glisk o mica wheeples;
clespin tae the rock pool waa
a scaw o langage winks at him,
fankled in the roups o oar weed,
wracks o green gaw, yellow tang.

Black an' emerant it keeks aboot
wi een that mak the shapes o 'w's.
'Whit's here!' he cries an' tries tae scoop
the wurdies up, 'a hose-fish made o pen-
wark?' A glaur o ink an' green bluid

Sannies – *sandles*; plowter – *act of walking in wetness, splashing about*; doun-by – *down the road*; bladderlocks – *a kind of edible seaweed*; glisk – *glimpse, peep*; wheeple – *sharp bird cry*; clespin – *clasping*; scaw – *a mass of barnacles*; furrin – *foreign*; fankled – *tangled*; roups – *stems of seaweed*; green gaw – *green slimy seaweed*; yellow tang – *knotted seaweed*; pen-wark – *writing*; glaur – *soft sticky mud, ooze, slime*.

David Kinloch

skiddles through his fingers an' he sees
a gey mismarrowed leid, hauf wurd,
hauf motherie, pairt saftie crab,
pairt bark o trees fae fremmit airts.

It skinkles lik the seeven sisters,
it smiles lik water burn,
roarin buckies lik peedie brigs
criss cross its skin,
an' mares tale cluds
play throu wide waukin een.

Then suddentlie it sticks its tootsies oot,
aw echt o thaim, an' sterts tae write
upon the pot-hole waa as if it wiz a lap-top
an' the makar, Nebuchadnedzar.

'Ahm Scots', it says, 'Scozzeze,
comprende friend Montale?
Just pit me in a poem
an' send me back tae Langholm.'

Skiddle – *splash, squirt, spill*; mismarrowed – *mismatched, ill-assorted*; motherie – *a small delicately coloured shell used for making necklaces*; saftie crab – *an edible crab that has lost its shell*; fremmit – *foreign*; airt – *place*; skinkle – *sparkle*; water burn – *phosphorescence seen on the sea*; roarin buckie – *a whelk shell in which the roar of the sea is heard*; brig – *bridge*; clud – *cloud*; waukin – *waking*.

The makar's fair dumfounert
tae meet a talkin hose-fish:
'Wull', he says, 'ah could translate ye . . .'
'Och fine,' the fish-leid nods,
'but huv ye got a dialeck
tae match ma spreckelt hue?'

The makar bridles visibly:
'We're aw dialeck ye ken,
it's Italy yer in'; 'But careful
noo', the dialeck repones,
'Ahm a kinna speshul wan,
ma heid's fae Ayr, ma bum's
fae Banff, ma nether pairt's
archaic.' 'Ye mean yer "artifeeshul",
the makar seems tae sniff, turns up
his neb an' saunters doon the beach.

'Fuckin yaisless gyte!' the wurdies
yell. 'Awa back tae yer cicadas!'
'Naw, naw,' Montale caas,
'Ahm lookin fur a kind o shell
tae tune ma ode tae youse.
Dinnae fash yersel the noo,
a Standard Habbie's due.'

Echt – *eight*; pot-hole – *rock pool.*

David Kinloch

4

Ode tae a Hose-fish

Big, slochie, fliskie, braisant beastie,
Bluid fae three herts stirs thy breastie!
Twa pumps yer ginnles, an' wan yer feisty
    Green-blae copper hide!
Echt airms an suckers sook the tasty
    Paella fae the tide.

Research has shawn yer gey mair mensefu
Than the fowk wha clock yer high IQ;
A Heidegger o molluscs, you
    Fill the airy
Bane aneath yer raucle skin bung fu
    Wi buoyancy;

The buoyancy o bein here,
In this warld o sand, buccaneer
O Fush whase flauntie rump's as queer
    As this Scots leid.
A Houdini o chromatophores
    Your inky screed.

Slochie – *slimy*; fliskie – *skittish*; braisant – *brazen*; bluid – *blood*;
ginnle – *gill*; gey – *very*; mensefu – *intelligent*; rauckle – *rough*;
flauntie – *capricious.*

The sillersmith howks oot yer rainbow
Bane. It muilds the jowels on trousseaux
O hures an' maiden aunts, puir pseudo-
    Bijouterie.
Yer calcium's fur parakeets low
    On charivari.

Your Cubist een are miracles
O organogenesis, wrinkles
At swag back an' fore an' signal
    'Vive cephalopod!'
Gin this leid wiz hauf as souple
    Then I'd be God!

But Hosie cries oot: 'Aye, it is!
It is, it is, it is, it is!
Gin it can mak "rime riche" wi "is"
    – there's anely five –
Ye'll ken the standard habbie's fizz
    Is still alive!'

The makar swalls wi pride tae think
Hermetic verse is no extinct

Muild – *mould*; jowel – *jewel*; hure – *whore*.
Swag – *sway*; gin – *if*; swall – *swell*.

David Kinloch

His wurds a hauf-way-hoose, a kink
   O fush an' scaup.
This leid's no deid, it's in the pink!
  The great auk's talk!

A livin watergaw o sea
An' bane, yer sepia dye's a key
At polarises, then fricassees
   The beach's licht:
Sunlicht's these wurds ye speak tae me,
  A second sicht.

Kink – *twist*; scaup – *shellfish found on rocks between high and low tide*; watergaw – *a fragmentary rainbow*.

David Kinloch

A Postscript: Teta Veleta

When 'Frog' Pelosi jumped from the Alpha Romeo what
Pasolini noticed most was his legs; there it is again, the
prehensile convex at the back of the knee, that bunch and
stretch and away, meaning: I'm almost a man, am a boy
racing for the line. So the poet felt it for the very last time
just as he had aged three: the tenderness, the
sorrowfulness, the violence of desire. He searched
hopelessly for a word to name it and there, on the fag-end
beach at Ostia as he walked towards the gleaming boy,
settled for 'teta veleta', something between a tickle, a
seduction, a humiliation.

At the trial they could not call the words to witness. For all
vanished like frost in the cold November morning. But
when the 'Frog' had jumped they'd rushed to settle in the
snugs of flesh and bone behind those knees. They had
stretched with him in all the dialects of the world. Scots
and Chuvash, Bernese, Friulian, Ligurian and Basque: each
one had a hand in Pasolini's death. Amharik was there,
!Xoo, Ibo, Jola, Riff and Tiv, each one journeyed to this
deserted place and laid a word upon his corpse.

'Teritori' said the Friulian of his childhood, then 'teta',
'tormenta', 'mortori'. 'Schäggsch es, schwudi?!' Bernese

Schäggsch es? *(Swiss-German, Bernese) – Do you understand?*

David Kinloch

cried. 'Du masch mi giggerig!' And each one remembered
in its own bold, hurt tongue how he'd rode postillion
wrapped around the waists of young Olympians along
abandoned sea-fronts, the empty strands of small town
wintertimes; each one confessed its poverty: how much it
lived within the peoples' mouths, how dead it was, how raw
and how poetic. And yet how each had tried, tried the
patience of the clerics by being a salt of queerness, a
foreign sounding burr attached to royal tongues. They
stood among the rusting detritus, among the flare and slash
of knives and asked forgiveness. 'Action!' they cried, and so
the makar died.

Note

Eugenio Montale (1896–1981) was a Nobel prize-winning
poet whose first collection, *Ossi de sepia (Cuttlefish Bones)*,
was published in 1925. Pier Paolo Pasolini (1922–1975),
the famous film director and poet, wrote his first poems in
Italy's Friulian dialect.

Du masch mi giggerig *(Swiss-German, Bernese) – You turn me on.*

Tom Leonard

An Ayrshire Mother

the last pey in the factory   1933
before a got married

the last thing a could sign for
before the family allowance

ma husband tommy
ma daughter cathie
eric john and tom

ma womans weekly
ma peoples friend
ma ardrossan n saltcoats herald

Tom Leonard

a four in a block   toilet n bathroom
up n doon stairs   front n back gairden

a says tay tommy   when they gave us the keys
ahl die in this hoose

                    lik the folk acroass the road
                    n the kellys next door
                    ah pit oot a coronation flag
                    an tommy no pleased

                    coorss tommy's frae dublin
                    bit ahm scottish no irish
                    we're maybe a catholic faimily
                    bit she's oor queen inaw

ma rosary beads
ma womans guild
ma chapel

                                          Tom Leonard

           the wance a week
           yistirdays paper

           under thir chin
           bone combin

yir soacks is in the drawer
a clean shirt   ower the back a that chair

did yi wahsh yir neck

                    huxterin aboot
                    yir face in that book

                    look   the suns oot
                    get some air aboot they legs

C&A
arnott simpson's
lewis's stores

a wabbit article
loaded wi messages
back fay the toon

                    the ashes cowpt
                    nay loass
                    whut a freen gets

the hooss redd up
ma brasses done
the claes stepp

sheets oot the back
tatties n the boil
ahl gie the soup a steer

               a new rigoot   coort shin

               tom   speak proper

Tom Leonard

In Memoriam
Mary McConnon Mulgrew
(1909–78)

the sacred heart
above the winterdykes
set roon the fire

four in a block – *type of council house*; coronation flag – *flag at the Queen's coronation in June 1953*; bone combin – *dust combing (children's heads)*; huxterin – *lounging idly*; C&A etc. – *former department stores*; wabbit article – *tired person*; cowpt – *emptied out*; redd up – *tidied up*; claes stepp – *clothes steeped*; a steer – *a stir*; rigoot – *rigout, set of clothes, attire*; coort shin – *court shoes*; the sacred heart – *an image of Christ often seen in the living room of Catholic homes*; winterdykes – *folding clothes horse (historical: in summer clothes hung over rural dykes outside)*.

Liz Lochhead

Nick Dowp, Feeling Himself Miscast in a Very English Production, Rehearses Bottom's Dream

'Tie up my lover's tongue?' Yon's censorship!
'Hae anither English apricock and button your lip.'
Neither dewberry nor honey bag from humble
                                                    bee'll keep
Me silent, I hate it!
Fish oot o watter in this green wid, I hope
To funn mysel translatit.

Proud Titania – yon's who yon posh quine is –
She hus a faur, faur better pert than mine is!
Her 'R.P.' Shakespeare-spiel, oh as befits a lady
                                                    fine, is
In couplet verse.
Whauras I get *mere prose* o which the bottom line is
That I'm an erse!

Shakespeare (excuse me for being cynical)'s
Attitude to Scotch verse is that it's kinna
                                    like McGonigal's
And only guid enough for thae Rude-Mechanicals
An Loss-the-Plots
To tumpty-tum their numpty lyricals
In accents Scots

Ach, but here goes! In ma ain wurds!

I have had a maist rare and unco and byornar Vision. I have hud a dream – telling ye, I'm daunerin aroon in a dwamm like a hauf shut knife tryin to shake mysel free o it, but och, it's beyond Man's kennin to say whitlike a dream it wis.

I'm dumfounert, fair dumfounert.

I'm naethin but a cuddy if I ettle to expound upon it at ony length. See, whit I thocht . . . naw, naw I'm saying nuthin! But, aye! Naw, aye, I thocht I *wis* . . . and I thocht I hud . . . and a the lang nicht lang . . . but you'll get hee-haw oot o me on sicc maitters, Nick Dowp is ower much o a gentleman . . .

Man's een havena heard, man's lugs havena seen, his fummlin, fouterin hauns havena the gumption to taste, nor his tongue to mak heid nor tail o – naw, nor yet his hammerin hert to let dab aboot! – whitlike ma dream wis.

I'll mibbe get somebody to write it doon for me to elocute? In 'the Doric', do they no cry it? Them that canna thole 'keelie-talk', nor 'kailyerd', nor the 'deservedly much despisit and debasit accents o the urban poor'? Sicc snobs! I say: love-o-goad almighty, could somebody no mibbe dae somethin hauf-wey guid in the Glesca-patois to gie us a laugh and let me an The Mechanicals sook in with the Duke an his Leddy at the finish-up o oor play?

> For oor cast has a wheen o erses to kiss
> Us workin-joes, we hae to hae a hit, we canny miss!
> And still we areny really oot the wids wi this
> Heedrum-hodrum humdrum –
> For thon Shakespeare-felly thocht it funny to
>   take the piss
>
> Oot o am-dram!

Liz Lochhead

So his jiner, tylor, wabster are no very smart
But guid-herted cheils gey willin to learn their part –
Only when it gets richt spooky dae they get feart,
Rin awa in alarm.
An I dream! Mindin it will aye wind aroon my heart
Like a hairy worm!

Alan Davie's Paintings

An ee
an open ee
whit seems but an ashet o
bools and penny-cookies mak an arabesque
an arra-heid edder frae ablow it
gaes serpent-slinkan
yont the picture frame.
a jazz o bird-heids, herts, peeries, playin cairts
the crescent mune –
a the shapes and symbols frae
ankh to ziggurat, corbie-steppit.
whiles a rattle-stane blatter
whiles a hurly-gush o colour –
this lovely lowe o cramasie, soy-saft,
noo the reid, reid, reid o thunnercups,
a braid and tappietourie swag o emerant
yallochie
blae.

Liz Lochhead

Some Old Photographs

Weather evocative as scent.
The romance of dark stormclouds
in big skies over the low wide river,
        of long shadows and longer shafts of light

of smoke,
    fabulous film-noir stills of Central Station,
of freezing fog silvering the chilled, stilled parks
    of the glamorous past
    where drops on a rainmate are sequins
    in the lamplight, in the black-and-white

your young, still-lovely mother laughs, the
hem of her sundress whipped up
by a wind on a beach before you were even born

all the Dads in hats
are making for Central at five past five
in the snow, in the rain, in the sudden *what-a-scorcher*,
in the smog, their
belted dark overcoats white-spattered by the starlings

starlings swarming
in that perfect and permanent cloud
above what was
never really this photograph
but always all the passing now
and noise and stink and smoky breath of George Square

wee boays, a duchess, bunting, there's a
big launch on the Clyde
and that boat is yet to sail

Magpie, Pomegranate

this morning
a cruel curve of black-patent beak,
a single terrifying eye
at my high window looking in –
the cocky, glossy bulk
of that big blue-black and white bird,
its gleam, its stare –
and I thought of Robert Lowell's skunk
that *would not scare*

but out in the gold of this October afternoon
caught in a sudden swirl of leaves I think
Corryvreckan
– though I'm still very far from *winter's washing tub*
with a pomegranate in my pocket
like a bomb packed with garnets –
a pomegranate,
its scarred and shiny rind
both buff and blebbed with russet like
this air which rustles, crackles.
I think
late beauty is the best beauty
as with a hop skip and a jump in front of me
today's tally of magpies
flips from *one for sorrow* to
two for joy.

Don Paterson

Correctives

The flaucher in my bairn's left haun
he cures wi ae touch fae his richt,
twa fingertips laid feather-licht
tae stell his pen. He unnerstauns

the hail man maun be his ane brither,
for nae man is himsel alane;
though some o us will never ken
the ane haun's kindness tae the ither.

Verse

He's three year deid, an aa I've done is greet
wi a toom pen an nae elegy but *och*.
I've jist nae hert to mak a poem o it.
I stole that line from Robert Garioch.

Human Sheld

The reason, gin ye waant the truth,
that I sleep like this – ma gairdie stieve
upon yer breist, its steekit nieve
laid on yer sma' hert like an aith
is no' for waarmth or peace o' mind
but that in ma dreams, ma dou,
my dearie – I am upricht, and you
are the lang sheld that I grue ahind

The Poetry

efter Li Po

I fund him daun'erin on the law
ane sweltrie forenoon.
He looked as scranky as a taw,
as fauchie as the muin;

inower the skog o his big bunnet
his puss was cut wi rain.
pair Du Fu, I thocht, *that's done it:*
it's the poetry again.

Don Paterson

Liftsang

efter Robert Desnos

The flooer telt the shell: *ye leam*
The shell telt the sea: *ye echa*
The sea telt the boat: *ye grue*
The boat telt the fire: *ye glowe*

The fire said: *less than her een*
The boat said: *less than yer hert*
The sea said: *less than her name*
The shell said: *less than yer desire*

The flooer turned to me and said: *she's beautiful*
I said: *Aye, she's bonny, she's so bonny, I can hardly speak o it*

Robin Robertson

By Clachan Bridge

for Alasdair Roberts

I remember the girl
with the hare-lip
down by Clachan Bridge,
cutting up fish
to see how they worked;
by morning's end her nails
were black red, her hands
all sequined silver.
She simplified rabbits
to a rickle of bones;
dipped into a dormouse
for the pip of its heart.
She'd open everything,
that girl.
They say they found
wax dolls in her wall,
poppets full of human hair,
but I'd say they're wrong.
What's true is
that the blacksmith's son,
the simpleton,
came down here once,
fathomed her, and bucked.
Claimed she licked him
clean as a whistle.

I remember the tiny stars
of her hands around her belly
as it grew and grew, and how
after a year, nothing came.
How she said it was still there,
inside her, a stone-baby.
And how I saw her wrists
blue-bangled with scars
and those hands flittering
at her throat,
to the plectrum of bone
she'd hung there.
As to what happened
to the blacksmith's boy,
no one knows
and I'll keep my tongue.
Last thing I heard, the starlings
had started
to mimic her crying,
and she'd learnt how to fly.

Robin Robertson

At Roane Head

for John Burnside

You'd know her house by the drawn blinds –
by the cormorants pitched on the boundary wall,
the black crosses of their wings hung out to dry.
You'd tell it by the quicken and the pine that hid it
from the sea and from the brief light of the sun,
and by Aonghas the collie, lying at the door
where he died: a rack of bones like a sprung trap.

A fork of barnacle geese came over, with that slow
squeak of rusty saws. The bitter sea's complaining pull
and roll; a whicker of pigeons, lifting in the wood.

She'd had four sons, I knew that well enough,
and each one wrong. All born blind, they say,
slack-jawed and simple, web-footed,
rickety as sticks. Beautiful faces, I'm told,
though blank as air.
Someone saw them once, outside, hirpling
down to the shore, chittering like rats,
and said they were fine swimmers,
but I would have guessed at that.

Her husband left her: said
they couldn't be his, they were more
fish than human;

he said they were beglamoured,
and searched their skin for the showing marks.

For years she tended each difficult flame:
their tight, flickering bodies.
Each night she closed
the scales of their eyes to smoor the fire.

Until he came again,
that last time,
thick with drink, saying
he'd had enough of this,
all this witchery,
and made them stand
in a row by their beds,
twitching. Their hands
flapped; herring-eyes
rolled in their heads.
He went along the line
relaxing them
one after another
with a small knife.

They say she goes out every night to lay
blankets on the graves to keep them warm.
It would put the heart across you, all that grief.

There was an otter worrying in the leaves, a heron
loping slow over the water when I came
at scraich of day, back to her door.

Robin Robertson

She'd hung four stones in a necklace, wore
four rings on the hand that led me past the room
with four small candles burning
which she called 'the room of rain'.
Milky smoke poured up from the grate
like a waterfall in reverse
and she said my name,
and it was the only thing
and the last thing that she said.

She gave me a skylark's egg in a bed of frost;
gave me twists of my four sons' hair; gave me
her husband's head in a wooden box.
Then she gave me the sealskin, and I put it on.

Contributors' Notes

John Burnside has published seven books of fiction, a memoir and ten collections of poetry, of which the most recent is *Gift Songs* (Cape, 2007). He lives in Fife and is a Reader at the University of St Andrews.

Robert Crawford was born in Bellshill, Lanarkshire in 1959. His *Selected Poems* (Cape, 2005) was followed by *Full Volume* (Cape, 2008). His prose books include *Scotland's Books: The Penguin History of Scottish Literature* (2007) and *The Bard, Robert Burns, A Biography* (Cape, 2009). With Mick Imlah he edited *The Penguin Book of Scottish Verse* (Penguin Classics, 2006) and with Christopher MacLachlan he is editor of *The Best Laid Schemes: Selected Poetry and Prose of Robert Burns* (Polygon, 2009). He also edited *Robert Burns and Cultural Authority* (Edinburgh University Press, 1997). He is Professor of Modern Scottish Literature at the University of St Andrews.

Douglas Dunn was born in Renfrewshire in 1942 and grew up there. He began publishing poems in the early 1960s, and his first book was *Terry Street* (Faber and Faber, 1969). Since then he has published ten collections of poems, including *St Kilda's Parliament* (Faber and Faber, 1981), *Elegies* (Faber and Faber, 1985), *Northlight* (Faber and Faber, 1988) and *New Selected Poems* (Faber and Faber, 2003), as well as two collections of stories. He edited *Twentieth-Century Scottish Poetry* (Faber and Faber, 1993; 2005) and the *The Oxford Book of Scottish Short Stories* (1995). He was a freelance writer for twenty years before being appointed Professor of English at St Andrews in 1991.

Alasdair Gray is the author of eight novels: *Lanark* (Canongate, 1981); *1982 Janine* (Cape, 1984); *The Fall of Kelvin Walker* (Canongate, 1985); *Something Leather* (Cape, 1990); *McGrotty and Ludmilla* (Dog and Bone, 1990); *Poor Things* (Bloomsbury, 1992); *A History Maker* (Canongate, 1994); *Mavis Belfrage* (Bloomsbury, 1996); *Old Men in Love* (Bloomsbury, 2007). He has also written short stories: *Unlikely Stories, Mostly* (Canongate, 1983); *Lean Tales* (with Owens and Kelman) (Cape, 1985); *Ten Tales Tall and True* (Bloomsbury, 1993); *The Ends of Our Tethers* (Canongate, 2003). His poetry collections include *Old Negatives* (Morag McAlpine, 1988) and *Sixteen Occasional Poems* (Morag McAlpine, 2000); his plays *Working Legs*, (Dog and Bone, 1997) and *Fleck* (2008), which was derived from Goethe's *Faust*. He has also published an anthology, *The Book of Prefaces* (Bloomsbury, 2000) and the polemics *Why Scots Should Rule Scotland* (Canongate, 1992 and 1997) and *How We Should Rule Ourselves* (with Adam Tomkins) (Canongate, 2005).

W. N. Herbert's critical/editorial works include *To Circumjack MacDiarmid* (OUP, 1992); *Contraflow on the Super Highway: An Informationist Anthology* (ed. with Richard Price) (Gairfish/Southfields, 1994); *Strong Words: Modern Poets on Modern Poetry* (ed. with Matthew Hollis) (Bloodaxe, 2000) and *Poetry in Creative Writing: A Workbook with Readings* (ed. Linda Anderson) (OU/Routledge, 2006). His poetry works include *Sharawaggi* (with Robert Crawford) (Polygon, 1990); *The Testament of the Reverend Thomas Dick* (Arc, 1994); *Forked Tongue* (Bloodaxe, 1994); *Cabaret McGonagall* (Bloodaxe, 1996); *The Laurelude* (Bloodaxe, 1998); *The Big Bumper Book of Troy* (Bloodaxe, 2002) and *Bad Shaman Blues* (Bloodaxe, 2006).

Kathleen Jamie's latest poetry collection is *The Tree House* (Picador, 2004). *Findings*, a book of essays, was published in 2005 by Sort of Books.

Jackie Kay's collections of poetry include *The Adoption Papers* (Bloodaxe, 1991); *Other Lovers* (Bloodaxe, 1993); *Off Colour* (Bloodaxe, 1998) and *Life Mask* (Bloodaxe, 2005). Her fiction includes the novel *Trumpet* (Picador, 1998) which won the *Guardian* Fiction Prize, and the short-story collections *Why Don't You Stop Talking* (Picador, 2002) and *Wish I Was Here* (Picador, 2006). Her children's books include the novel *Strawgirl* (Macmillan, 2002) and the poetry collection *Red Cherry, Red* (Bloomsbury, 2007). She is Professor of Creative Writing at the University of Newcastle.

To write '4 Atmospheres o' Montale an' wan "postscript" ', **David Kinloch** used works including *Robert Burns, The Kilmarnock Poems*, ed. by Donald A. Low (Everyman, 1985); *The Scots Thesaurus*, ed. by Iseabail MacLeod (Aberdeen University Press, 1990); *The Concise English-Scots Dictionary*, ed. by Iseabail MacLeod and Pauline Cairns (Chambers, 1993); *Eugenio Montale, Collected Poems* translated by Jonathan Galassi (Farrar Straus Giroux, 2000); *Pier Paolo Pasolini, Selected Poems* translated by Norman MacAfee with Luciano Martinengo (John Calder, 1984) and *Poèmes de jeunesse* by Pier Paolo Pasolini, translated by Nathalie Castagné and Dominique Fernandez (Gallimard, 1995).

Tom Leonard's works include *Intimate Voices (Poems 1965–83)* (Galloping Dog Press, 1984); *Places of the Mind: The Life and Work of James Thomson ("B.V.")* (Cape, 1993); *Reports from the Present* (Cape, 1995); *Access to the Silence (Poems 1984–2004)* (Etruscan Books, 2004) and *Being a Human Being* (Object Permanence Press, 2006). He has also edited *Radical Renfrew: Poetry from the French Revolution to the First World War* (Polygon, 1990).

Liz Lochhead's poetry collections include *Dreaming Franken-stein and Collected Poems 1967–1984* and *The Colour of Black & White: Poems 1984–2003* (both published by Polygon). Her plays include *Blood and Ice, Mary Queen of Scots Got Her Head Chopped Off, Perfect Days,* and *Good Things.* She has made theatrical adaptations of plays by Molière, Euripides, Sophocles and Chekov, among others. She lives in Glasgow.

Don Paterson was born in Dundee in 1963, and is a full-time Reader in Poetry at the University of St Andrews. He also works as a musician and editor. He has published five collections of poetry and three books of aphorisms, and has edited a number of anthologies. Recent publications include *Landing Light* (Faber and Faber, 2003); *The Blind Eye* (Faber and Faber, 2007) and *Orpheus* (Faber and Faber, 2007), a version of Rilke's *Die Sonette an Orpheus.* His literary awards include a Forward Prize, the Geoffrey Faber Award and the Whitbread Poetry Award, and he has been twice winner of the T. S. Eliot Prize. He lives in St Andrews, Fife.

Robin Robertson is from the north-east coast of Scotland. He has received a number of honours for his poetry, including the E. M. Forster Award from the American Academy of Arts and Letters, and has published three collections; the most recent, *Swithering,* won the 2006 Forward Prize for Best Collection and the Sundial Scottish Arts Council Poetry Award.

Apart from his own poetry, his other books include *Mortification: Writers' Stories of Their Public Shame* (2003), *The Deleted World,* a selection of new versions of the Swedish poet Tomas Tranströmer (2006) and a translation of *Medea,* published last year.